Dziennik obecności dla nauczycieli

Szczegóły dziennika:

Data rozpoczęcia dziennika:
....

Numer dziennika:
....

Dane osobowe:

Nazwa: ....

Adres: ....

....

Numer telefonu

komórkowego: ....

Adres e-mail: ....

Adres pracy: ....

Okres początkowy: .... Okres końcowy: ....

Miesiąc & Rok:		Zadania:	Tydzień						Tydzień				
Temat:													
Sekcja:													
			Dzień ⤵	P	W	Ś	C	P	P	W	Ś	C	P
Imiona i nazwiska uczniów:	Notatki		Data ⤵										
1.													
2.													
3.													
4.													
5.													
6.													
7.													
8.													
9.													
10.													
11.													
12.													
13.													
14.													
15.													
16.													
17.													
18.													
19.													
20.													
21.													
22.													
23.													
24.													
25.													
26.													
27.													
28.													
29.													
30.													
31.													
32.													
33.													
34.													
35.													
36.													
37.													

Notatki

Okres początkowy: .... Okres końcowy: ....

Miesiąc & Rok:		
Temat:		
Sekcja:		

Zadania:

Tydzień | Tydzień

Dzień → | Data →

Imiona i nazwiska uczniów:	Notatki	P W Ś C P	P W Ś C P
1.			
2.			
3.			
4.			
5.			
6.			
7.			
8.			
9.			
10.			
11.			
12.			
13.			
14.			
15.			
16.			
17.			
18.			
19.			
20.			
21.			
22.			
23.			
24.			
25.			
26.			
27.			
28.			
29.			
30.			
31.			
32.			
33.			
34.			
35.			
36.			
37.			

Notatki

Okres początkowy: .... Okres końcowy: ....

Miesiąc & Rok:		Zadania:	Tydzień					Tydzień				
Temat:												
Sekcja:												
		Dzień	P	W	Ś	C	P	P	W	Ś	C	P
Imiona i nazwiska uczniów:	Notatki	Data										
1.												
2.												
3.												
4.												
5.												
6.												
7.												
8.												
9.												
10.												
11.												
12.												
13.												
14.												
15.												
16.												
17.												
18.												
19.												
20.												
21.												
22.												
23.												
24.												
25.												
26.												
27.												
28.												
29.												
30.												
31.												
32.												
33.												
34.												
35.												
36.												
37.												

Notatki

Okres początkowy: .... Okres końcowy: ....

Miesiąc & Rok:		Zadania:	Tydzień						Tydzień					
Temat:														
Sekcja:														
		Dzień / Data	P	W	Ś	C	P	P	W	Ś	C	P		
Imiona i nazwiska uczniów:	Notatki													
1.														
2.														
3.														
4.														
5.														
6.														
7.														
8.														
9.														
10.														
11.														
12.														
13.														
14.														
15.														
16.														
17.														
18.														
19.														
20.														
21.														
22.														
23.														
24.														
25.														
26.														
27.														
28.														
29.														
30.														
31.														
32.														
33.														
34.														
35.														
36.														
37.														

Notatki

Okres początkowy: .... Okres końcowy: ....

Miesiąc & Rok:		Zadania:	Tydzień						Tydzień					
Temat:														
Sekcja:														
			Dzień	P	W	Ś	C	P	P	W	Ś	C	P	
Imiona i nazwiska uczniów:	Notatki		Data											
1.														
2.														
3.														
4.														
5.														
6.														
7.														
8.														
9.														
10.														
11.														
12.														
13.														
14.														
15.														
16.														
17.														
18.														
19.														
20.														
21.														
22.														
23.														
24.														
25.														
26.														
27.														
28.														
29.														
30.														
31.														
32.														
33.														
34.														
35.														
36.														
37.														

Notatki

Okres początkowy: .... Okres końcowy: ....

Miesiąc & Rok:		Zadania:	Tydzień					Tydzień				
Temat:												
Sekcja:												
			Dzień	P	W	Ś	C	P	P	W	Ś	C	P
Imiona i nazwiska uczniów:	Notatki		Data										
1.												
2.												
3.												
4.												
5.												
6.												
7.												
8.												
9.												
10.												
11.												
12.												
13.												
14.												
15.												
16.												
17.												
18.												
19.												
20.												
21.												
22.												
23.												
24.												
25.												
26.												
27.												
28.												
29.												
30.												
31.												
32.												
33.												
34.												
35.												
36.												
37.												

Notatki

Okres początkowy: .... Okres końcowy: ....

Miesiąc & Rok:													
Temat:		Zadania:	Tydzień					Tydzień				
Sekcja:													
		Dzień →	P	W	Ś	C	P	P	W	Ś	C	P
Imiona i nazwiska uczniów:	Notatki	Data →										
1.												
2.												
3.												
4.												
5.												
6.												
7.												
8.												
9.												
10.												
11.												
12.												
13.												
14.												
15.												
16.												
17.												
18.												
19.												
20.												
21.												
22.												
23.												
24.												
25.												
26.												
27.												
28.												
29.												
30.												
31.												
32.												
33.												
34.												
35.												
36.												
37.												

Notatki

Okres początkowy: ....   Okres końcowy: ....

Miesiąc & Rok:		Zadania:	Tydzień					Tydzień				
Temat:												
Sekcja:												
			Dzień ↗	P	W	Ś	C	P	P	W	Ś	C	P
Imiona i nazwiska uczniów:	Notatki	Data ↗										
1.												
2.												
3.												
4.												
5.												
6.												
7.												
8.												
9.												
10.												
11.												
12.												
13.												
14.												
15.												
16.												
17.												
18.												
19.												
20.												
21.												
22.												
23.												
24.												
25.												
26.												
27.												
28.												
29.												
30.												
31.												
32.												
33.												
34.												
35.												
36.												
37.												

Notatki

Okres początkowy: .... Okres końcowy: ....

Miesiąc & Rok:		Zadania:	Tydzień					Tydzień				
Temat:												
Sekcja:												
			Dzień 🕈	P	W	Ś	C	P	P	W	Ś	C	P
Imiona i nazwiska uczniów:	Notatki		Data 🕈										
1.													
2.													
3.													
4.													
5.													
6.													
7.													
8.													
9.													
10.													
11.													
12.													
13.													
14.													
15.													
16.													
17.													
18.													
19.													
20.													
21.													
22.													
23.													
24.													
25.													
26.													
27.													
28.													
29.													
30.													
31.													
32.													
33.													
34.													
35.													
36.													
37.													

Notatki

Okres początkowy: .... Okres końcowy: ....

Miesiąc & Rok:

Temat:

Sekcja:

Zadania:

Imiona i nazwiska uczniów:	Notatki	Dzień										
		Data	P	W	Ś	C	P	P	W	Ś	C	P
1.												
2.												
3.												
4.												
5.												
6.												
7.												
8.												
9.												
10.												
11.												
12.												
13.												
14.												
15.												
16.												
17.												
18.												
19.												
20.												
21.												
22.												
23.												
24.												
25.												
26.												
27.												
28.												
29.												
30.												
31.												
32.												
33.												
34.												
35.												
36.												
37.												

Tydzień | Tydzień

Notatki

Okres początkowy: .... Okres końcowy: ....

Miesiąc & Rok:		Zadania:	Tydzień					Tydzień				
Temat:												
Sekcja:												
		Dzień	P	W	Ś	C	P	P	W	Ś	C	P
Imiona i nazwiska uczniów:	Notatki	Data										
1.												
2.												
3.												
4.												
5.												
6.												
7.												
8.												
9.												
10.												
11.												
12.												
13.												
14.												
15.												
16.												
17.												
18.												
19.												
20.												
21.												
22.												
23.												
24.												
25.												
26.												
27.												
28.												
29.												
30.												
31.												
32.												
33.												
34.												
35.												
36.												
37.												

Notatki

Okres początkowy: .... Okres końcowy: ....

Miesiąc & Rok:					Tydzień					Tydzień				
Temat:														
Sekcja:														

		Dzień ↗	P	W	Ś	C	P	P	W	Ś	C	P
Imiona i nazwiska uczniów:	Notatki	Data ↗										
1.												
2.												
3.												
4.												
5.												
6.												
7.												
8.												
9.												
10.												
11.												
12.												
13.												
14.												
15.												
16.												
17.												
18.												
19.												
20.												
21.												
22.												
23.												
24.												
25.												
26.												
27.												
28.												
29.												
30.												
31.												
32.												
33.												
34.												
35.												
36.												
37.												

Zadania:

Notatki

Okres początkowy: .... Okres końcowy: ....

Miesiąc & Rok:		Zadania:	Tydzień										Tydzień									
Temat:																						
Sekcja:																						
			Dzień		P	W	Ś	C	P	P	W	Ś	C	P									
Imiona i nazwiska uczniów:	Notatki	**Data**																				
1.																						
2.																						
3.																						
4.																						
5.																						
6.																						
7.																						
8.																						
9.																						
10.																						
11.																						
12.																						
13.																						
14.																						
15.																						
16.																						
17.																						
18.																						
19.																						
20.																						
21.																						
22.																						
23.																						
24.																						
25.																						
26.																						
27.																						
28.																						
29.																						
30.																						
31.																						
32.																						
33.																						
34.																						
35.																						
36.																						
37.																						

Notatki

Miesiąc & Rok:		Zadania:	Tydzień					Tydzień				
Temat:												
Sekcja:												
		Dzień ↗	P	W	Ś	C	P	P	W	Ś	C	P
Imiona i nazwiska uczniów:	Notatki	Data ↗										
1.												
2.												
3.												
4.												
5.												
6.												
7.												
8.												
9.												
10.												
11.												
12.												
13.												
14.												
15.												
16.												
17.												
18.												
19.												
20.												
21.												
22.												
23.												
24.												
25.												
26.												
27.												
28.												
29.												
30.												
31.												
32.												
33.												
34.												
35.												
36.												
37.												

Notatki

Okres początkowy: .... Okres końcowy: ....

Miesiąc & Rok:		Zadania:	Tydzień					Tydzień				
Temat:												
Sekcja:												
		Dzień ↗	P	W	Ś	C	P	P	W	Ś	C	P
Imiona i nazwiska uczniów:	Notatki	Data ↗										
1.												
2.												
3.												
4.												
5.												
6.												
7.												
8.												
9.												
10.												
11.												
12.												
13.												
14.												
15.												
16.												
17.												
18.												
19.												
20.												
21.												
22.												
23.												
24.												
25.												
26.												
27.												
28.												
29.												
30.												
31.												
32.												
33.												
34.												
35.												
36.												
37.												

Notatki

Okres początkowy: .... Okres końcowy: ....

Miesiąc & Rok:		Zadania:	Tydzień					Tydzień				
Temat:												
Sekcja:												
	Dzień		P	W	Ś	C	P	P	W	Ś	C	P
Imiona i nazwiska uczniów:	Notatki	Data										
1.												
2.												
3.												
4.												
5.												
6.												
7.												
8.												
9.												
10.												
11.												
12.												
13.												
14.												
15.												
16.												
17.												
18.												
19.												
20.												
21.												
22.												
23.												
24.												
25.												
26.												
27.												
28.												
29.												
30.												
31.												
32.												
33.												
34.												
35.												
36.												
37.												

Notatki

Okres początkowy: .... Okres końcowy: ....

Miesiąc & Rok:		Zadania:	Tydzień					Tydzień				
Temat:												
Sekcja:												
		Dzień ↗	P	W	Ś	C	P	P	W	Ś	C	P
Imiona i nazwiska uczniów:	Notatki	Data ↗										
1.												
2.												
3.												
4.												
5.												
6.												
7.												
8.												
9.												
10.												
11.												
12.												
13.												
14.												
15.												
16.												
17.												
18.												
19.												
20.												
21.												
22.												
23.												
24.												
25.												
26.												
27.												
28.												
29.												
30.												
31.												
32.												
33.												
34.												
35.												
36.												
37.												

Notatki

Okres początkowy: .... Okres końcowy: ....

Miesiąc & Rok:		Zadania:	Tydzień					Tydzień				
Temat:												
Sekcja:												
		Dzień ↝	P	W	Ś	C	P	P	W	Ś	C	P
Imiona i nazwiska uczniów:	Notatki	Data ↝										
1.												
2.												
3.												
4.												
5.												
6.												
7.												
8.												
9.												
10.												
11.												
12.												
13.												
14.												
15.												
16.												
17.												
18.												
19.												
20.												
21.												
22.												
23.												
24.												
25.												
26.												
27.												
28.												
29.												
30.												
31.												
32.												
33.												
34.												
35.												
36.												
37.												

Notatki

Okres początkowy: .... Okres końcowy: ....

Miesiąc & Rok:		Zadania:	Tydzień					Tydzień				
Temat:												
Sekcja:												
	Dzień ↗		P	W	Ś	C	P	P	W	Ś	C	P
Imiona i nazwiska uczniów:	Notatki	Data ↗										
1.												
2.												
3.												
4.												
5.												
6.												
7.												
8.												
9.												
10.												
11.												
12.												
13.												
14.												
15.												
16.												
17.												
18.												
19.												
20.												
21.												
22.												
23.												
24.												
25.												
26.												
27.												
28.												
29.												
30.												
31.												
32.												
33.												
34.												
35.												
36.												
37.												

Notatki

Okres początkowy: .... Okres końcowy: ....

Miesiąc & Rok:		Zadania:	Tydzień						Tydzień				
Temat:													
Sekcja:													
		Dzień	P	W	Ś	C	P	P	W	Ś	C	P	
Imiona i nazwiska uczniów:	Notatki	Data											
1.													
2.													
3.													
4.													
5.													
6.													
7.													
8.													
9.													
10.													
11.													
12.													
13.													
14.													
15.													
16.													
17.													
18.													
19.													
20.													
21.													
22.													
23.													
24.													
25.													
26.													
27.													
28.													
29.													
30.													
31.													
32.													
33.													
34.													
35.													
36.													
37.													

Notatki

Okres początkowy: .... Okres końcowy: ....

Miesiąc & Rok:								

Temat:

Sekcja:

Zadania:

Tydzień | Tydzień

Dzień

Data

Imiona i nazwiska uczniów:	Notatki	P	W	Ś	C	P	P	W	Ś	C	P
1.											
2.											
3.											
4.											
5.											
6.											
7.											
8.											
9.											
10.											
11.											
12.											
13.											
14.											
15.											
16.											
17.											
18.											
19.											
20.											
21.											
22.											
23.											
24.											
25.											
26.											
27.											
28.											
29.											
30.											
31.											
32.											
33.											
34.											
35.											
36.											
37.											

Notatki

Okres początkowy: .... Okres końcowy: ....

Miesiąc & Rok:		Zadania:	Tydzień					Tydzień				
Temat:												
Sekcja:												
		Dzień ↗	P	W	Ś	C	P	P	W	Ś	C	P
Imiona i nazwiska uczniów:	Notatki	Data ↗										
1.												
2.												
3.												
4.												
5.												
6.												
7.												
8.												
9.												
10.												
11.												
12.												
13.												
14.												
15.												
16.												
17.												
18.												
19.												
20.												
21.												
22.												
23.												
24.												
25.												
26.												
27.												
28.												
29.												
30.												
31.												
32.												
33.												
34.												
35.												
36.												
37.												

Notatki

Okres początkowy: .... Okres końcowy: ....

Miesiąc & Rok:		Zadania:	Tydzień						Tydzień				
Temat:													
Sekcja:													
		Dzień ↗	P	W	Ś	C	P	P	W	Ś	C	P	
Imiona i nazwiska uczniów:	Notatki	Data ↗											
1.													
2.													
3.													
4.													
5.													
6.													
7.													
8.													
9.													
10.													
11.													
12.													
13.													
14.													
15.													
16.													
17.													
18.													
19.													
20.													
21.													
22.													
23.													
24.													
25.													
26.													
27.													
28.													
29.													
30.													
31.													
32.													
33.													
34.													
35.													
36.													
37.													

Notatki

Okres początkowy: .... Okres końcowy: ....

Miesiąc & Rok:		Zadania:	Tydzień					Tydzień				
Temat:												
Sekcja:												
	Dzień		P	W	Ś	C	P	P	W	Ś	C	P
Imiona i nazwiska uczniów:	Notatki	Data										
1.												
2.												
3.												
4.												
5.												
6.												
7.												
8.												
9.												
10.												
11.												
12.												
13.												
14.												
15.												
16.												
17.												
18.												
19.												
20.												
21.												
22.												
23.												
24.												
25.												
26.												
27.												
28.												
29.												
30.												
31.												
32.												
33.												
34.												
35.												
36.												
37.												

Notatki

Okres początkowy: .... Okres końcowy: ....

Miesiąc & Rok:		Zadania:	Tydzień					Tydzień				
Temat:												
Sekcja:												
	Dzień		P	W	Ś	C	P	P	W	Ś	C	P
Imiona i nazwiska uczniów:	Notatki	Data										
1.												
2.												
3.												
4.												
5.												
6.												
7.												
8.												
9.												
10.												
11.												
12.												
13.												
14.												
15.												
16.												
17.												
18.												
19.												
20.												
21.												
22.												
23.												
24.												
25.												
26.												
27.												
28.												
29.												
30.												
31.												
32.												
33.												
34.												
35.												
36.												
37.												

Notatki

Okres początkowy: .... Okres końcowy: ....

Miesiąc & Rok:

Temat:

Sekcja:

Zadania:

Tydzień | Tydzień

Dzień ↗

Data ↗

Imiona i nazwiska uczniów:	Notatki	P	W	Ś	C	P	P	W	Ś	C	P
1.											
2.											
3.											
4.											
5.											
6.											
7.											
8.											
9.											
10.											
11.											
12.											
13.											
14.											
15.											
16.											
17.											
18.											
19.											
20.											
21.											
22.											
23.											
24.											
25.											
26.											
27.											
28.											
29.											
30.											
31.											
32.											
33.											
34.											
35.											
36.											
37.											

Notatki

Okres początkowy: .... Okres końcowy: ....

Miesiąc & Rok:		Zadania:	Tydzień					Tydzień				
Temat:												
Sekcja:												
		Dzień ↗	P	W	Ś	C	P	P	W	Ś	C	P
Imiona i nazwiska uczniów:	Notatki	Data ↗										
1.												
2.												
3.												
4.												
5.												
6.												
7.												
8.												
9.												
10.												
11.												
12.												
13.												
14.												
15.												
16.												
17.												
18.												
19.												
20.												
21.												
22.												
23.												
24.												
25.												
26.												
27.												
28.												
29.												
30.												
31.												
32.												
33.												
34.												
35.												
36.												
37.												

Notatki

Okres początkowy: .... Okres końcowy: ....

<table>
<tr><td rowspan="4">Miesiąc & Rok:
Temat:
Sekcja:</td><td rowspan="4">Zadania:</td><td colspan="5">Tydzień</td><td colspan="5">Tydzień</td></tr>
<tr><td colspan="5"></td><td colspan="5"></td></tr>
</table>

Imiona i nazwiska uczniów:	Notatki	Dzień	P	W	Ś	C	P	P	W	Ś	C	P
		Data										
1.												
2.												
3.												
4.												
5.												
6.												
7.												
8.												
9.												
10.												
11.												
12.												
13.												
14.												
15.												
16.												
17.												
18.												
19.												
20.												
21.												
22												
23.												
24.												
25.												
26.												
27.												
28.												
29.												
30.												
31.												
32.												
33.												
34.												
35.												
36.												
37.												

Notatki

____
____
____
____

Okres początkowy: .... Okres końcowy: ....

Miesiąc & Rok:		Zadania:	Tydzień					Tydzień				
Temat:												
Sekcja:												
	Dzień ↗		P	W	Ś	C	P	P	W	Ś	C	P
Imiona i nazwiska uczniów:	Notatki	Data ↗										
1.												
2.												
3.												
4.												
5.												
6.												
7.												
8.												
9.												
10.												
11.												
12.												
13.												
14.												
15.												
16.												
17.												
18.												
19.												
20.												
21.												
22.												
23.												
24.												
25.												
26.												
27.												
28.												
29.												
30.												
31.												
32.												
33.												
34.												
35.												
36.												
37.												

Notatki

Okres początkowy: .... Okres końcowy: ....

Miesiąc & Rok:		Zadania:	Tydzień					Tydzień				
Temat:												
Sekcja:												
		Dzień →	P	W	Ś	C	P	P	W	Ś	C	P
Imiona i nazwiska uczniów:	Notatki	Data →										
1.												
2.												
3.												
4.												
5.												
6.												
7.												
8.												
9.												
10.												
11.												
12.												
13.												
14.												
15.												
16.												
17.												
18.												
19.												
20.												
21.												
22.												
23.												
24.												
25.												
26.												
27.												
28.												
29.												
30.												
31.												
32.												
33.												
34.												
35.												
36.												
37.												

Notatki

Okres początkowy: .... Okres końcowy: ....

<table>
<tr><td>Miesiąc & Rok:
Temat:
Sekcja:</td><td rowspan="2">Zadania:</td><td colspan="5">Tydzień</td><td colspan="5">Tydzień</td></tr>
</table>

Imiona i nazwiska uczniów:	Notatki	Dzień	Data	P	W	Ś	C	P	P	W	Ś	C	P
1.													
2.													
3.													
4.													
5.													
6.													
7.													
8.													
9.													
10.													
11.													
12.													
13.													
14.													
15.													
16.													
17.													
18.													
19.													
20.													
21.													
22.													
23.													
24.													
25.													
26.													
27.													
28.													
29.													
30.													
31.													
32.													
33.													
34.													
35.													
36.													
37.													

Notatki

Okres początkowy: .... Okres końcowy: ....

Miesiąc & Rok:		Zadania:	Tydzień					Tydzień				
Temat:												
Sekcja:												
			Dzień ↗	P	W	Ś	C	P	P	W	Ś	C	P
Imiona i nazwiska uczniów:	Notatki		Data ↗										
1.													
2.													
3.													
4.													
5.													
6.													
7.													
8.													
9.													
10.													
11.													
12.													
13.													
14.													
15.													
16.													
17.													
18.													
19.													
20.													
21.													
22.													
23.													
24.													
25.													
26.													
27.													
28.													
29.													
30.													
31.													
32.													
33.													
34.													
35.													
36.													
37.													

Notatki

Okres początkowy: .... Okres końcowy: ....

Miesiąc & Rok:		Zadania:	Tydzień						Tydzień					
Temat:														
Sekcja:														
		Dzień ✎	P	W	Ś	C	P	P	W	Ś	C	P		
Imiona i nazwiska uczniów:	Notatki	Data ✎												
1.														
2.														
3.														
4.														
5.														
6.														
7.														
8.														
9.														
10.														
11.														
12.														
13.														
14.														
15.														
16.														
17.														
18.														
19.														
20.														
21.														
22.														
23.														
24.														
25.														
26.														
27.														
28.														
29.														
30.														
31.														
32.														
33.														
34.														
35.														
36.														
37.														

Notatki

Okres początkowy: .... Okres końcowy: ....

Miesiąc & Rok:			Zadania:	Tydzień					Tydzień				
Temat:													
Sekcja:													
				Dzień ↗	P	W	Ś	C	P	P	W	Ś	C	P
Imiona i nazwiska uczniów:	Notatki		Data ↗										
1.													
2.													
3.													
4.													
5.													
6.													
7.													
8.													
9.													
10.													
11.													
12.													
13.													
14.													
15.													
16.													
17.													
18.													
19.													
20.													
21.													
22.													
23.													
24.													
25.													
26.													
27.													
28.													
29.													
30.													
31.													
32.													
33.													
34.													
35.													
36.													
37.													

Notatki

Okres początkowy: .... Okres końcowy: ....

Miesiąc & Rok:		Zadania:	Tydzień					Tydzień				
Temat:												
Sekcja:												
		Dzień	P	W	Ś	C	P	P	W	Ś	C	P
Imiona i nazwiska uczniów:	Notatki	Data										
1.												
2.												
3.												
4.												
5.												
6.												
7.												
8.												
9.												
10.												
11.												
12.												
13.												
14.												
15.												
16.												
17.												
18.												
19.												
20.												
21.												
22.												
23.												
24.												
25.												
26.												
27.												
28.												
29.												
30.												
31.												
32.												
33.												
34.												
35.												
36.												
37.												

Notatki

Okres początkowy: .... Okres końcowy: ....

Miesiąc & Rok:		Zadania:	Tydzień					Tydzień				
Temat:												
Sekcja:												
			Dzień	P	W	Ś	C	P	P	W	Ś	C	P
Imiona i nazwiska uczniów:	Notatki		Data										
1.													
2.													
3.													
4.													
5.													
6.													
7.													
8.													
9.													
10.													
11.													
12.													
13.													
14.													
15.													
16.													
17.													
18.													
19.													
20.													
21.													
22.													
23.													
24.													
25.													
26.													
27.													
28.													
29.													
30.													
31.													
32.													
33.													
34.													
35.													
36.													
37.													

Notatki

Okres początkowy: .... Okres końcowy: ....

Miesiąc & Rok:		Zadania:	Tydzień					Tydzień				
Temat:												
Sekcja:												
	Dzień		P	W	Ś	C	P	P	W	Ś	C	P
Imiona i nazwiska uczniów:	Notatki	Data										
1.												
2.												
3.												
4.												
5.												
6.												
7.												
8.												
9.												
10.												
11.												
12.												
13.												
14.												
15.												
16.												
17.												
18.												
19.												
20.												
21.												
22.												
23.												
24.												
25.												
26.												
27.												
28.												
29.												
30.												
31.												
32.												
33.												
34.												
35.												
36.												
37.												

Notatki

Okres początkowy: .... Okres końcowy: ....

Miesiąc & Rok:		Zadania:	Tydzień					Tydzień				
Temat:												
Sekcja:												
		Dzień ↗	P	W	Ś	C	P	P	W	Ś	C	P
Imiona i nazwiska uczniów:	Notatki	Data ↗										
1.												
2.												
3.												
4.												
5.												
6.												
7.												
8.												
9.												
10.												
11.												
12.												
13.												
14.												
15.												
16.												
17.												
18.												
19.												
20.												
21.												
22.												
23.												
24.												
25.												
26.												
27.												
28.												
29.												
30.												
31.												
32.												
33.												
34.												
35.												
36.												
37.												

Notatki

Okres początkowy: .... Okres końcowy: ....

Miesiąc & Rok:			
Temat:			
Sekcja:			

Zadania:

		Tydzień	Tydzień
	Dzień	P W Ś C P	P W Ś C P
Imiona i nazwiska uczniów:	Notatki / Data		

#	Imiona i nazwiska uczniów:	Notatki
1.		
2.		
3.		
4.		
5.		
6.		
7.		
8.		
9.		
10.		
11.		
12.		
13.		
14.		
15.		
16.		
17.		
18.		
19.		
20.		
21.		
22.		
23.		
24.		
25.		
26.		
27.		
28.		
29.		
30.		
31.		
32.		
33.		
34.		
35.		
36.		
37.		

Notatki

Okres początkowy: .... Okres końcowy: ....

Miesiąc & Rok:			Zadania:	Tydzień					Tydzień				
Temat:													
Sekcja:													
		Dzień		P	W	Ś	C	P	P	W	Ś	C	P
Imiona i nazwiska uczniów:	Notatki	Data											
1.													
2.													
3.													
4.													
5.													
6.													
7.													
8.													
9.													
10.													
11.													
12.													
13.													
14.													
15.													
16.													
17.													
18.													
19.													
20.													
21.													
22.													
23.													
24.													
25.													
26.													
27.													
28.													
29.													
30.													
31.													
32.													
33.													
34.													
35.													
36.													
37.													

Notatki

Okres początkowy: .... Okres końcowy: ....

Miesiąc & Rok:			Tydzień						Tydzień				
Temat:		Zadania:											
Sekcja:													
			Dzień ✐	P	W	Ś	C	P	P	W	Ś	C	P
Imiona i nazwiska uczniów:	Notatki		Data ✐										
1.													
2.													
3.													
4.													
5.													
6.													
7.													
8.													
9.													
10.													
11.													
12.													
13.													
14.													
15.													
16.													
17.													
18.													
19.													
20.													
21.													
22.													
23.													
24.													
25.													
26.													
27.													
28.													
29.													
30.													
31.													
32.													
33.													
34.													
35.													
36.													
37.													

Notatki

Okres początkowy: .... Okres końcowy: ....

Miesiąc & Rok:			Zadania:	Tydzień					Tydzień				
Temat:													
Sekcja:													
		Dzień →		P	W	Ś	C	P	P	W	Ś	C	P
Imiona i nazwiska uczniów:	Notatki	Data →											
1.													
2.													
3.													
4.													
5.													
6.													
7.													
8.													
9.													
10.													
11.													
12.													
13.													
14.													
15.													
16.													
17.													
18.													
19.													
20.													
21.													
22.													
23.													
24.													
25.													
26.													
27.													
28.													
29.													
30.													
31.													
32.													
33.													
34.													
35.													
36.													
37.													

Notatki

Okres początkowy: .... Okres końcowy: ....

Miesiąc & Rok:		Zadania:	Tydzień					Tydzień				
Temat:												
Sekcja:												
		Dzień ↗	P	W	Ś	C	P	P	W	Ś	C	P
Imiona i nazwiska uczniów:	Notatki	Data ↗										
1.												
2.												
3.												
4.												
5.												
6.												
7.												
8.												
9.												
10.												
11.												
12.												
13.												
14.												
15.												
16.												
17.												
18.												
19.												
20.												
21.												
22.												
23.												
24.												
25.												
26.												
27.												
28.												
29.												
30.												
31.												
32.												
33.												
34.												
35.												
36.												
37.												

Notatki

Okres początkowy: .... Okres końcowy: ....

Miesiąc & Rok:					Tydzień					Tydzień				
Temat:		Zadania:												
Sekcja:														
		Dzień	P	W	Ś	C	P	P	W	Ś	C	P		
Imiona i nazwiska uczniów:	Notatki	Data												
1.														
2.														
3.														
4.														
5.														
6.														
7.														
8.														
9.														
10.														
11.														
12.														
13.														
14.														
15.														
16.														
17.														
18.														
19.														
20.														
21.														
22.														
23.														
24.														
25.														
26.														
27.														
28.														
29.														
30.														
31.														
32.														
33.														
34.														
35.														
36.														
37.														

Notatki

Okres początkowy: .... Okres końcowy: ....

Miesiąc & Rok:		Zadania:	Tydzień					Tydzień				
Temat:												
Sekcja:												
		Dzień ↗	P	W	Ś	C	P	P	W	Ś	C	P
Imiona i nazwiska uczniów:	Notatki	Data ↗										
1.												
2.												
3.												
4.												
5.												
6.												
7.												
8.												
9.												
10.												
11.												
12.												
13.												
14.												
15.												
16.												
17.												
18.												
19.												
20.												
21.												
22.												
23.												
24.												
25.												
26.												
27.												
28.												
29.												
30.												
31.												
32.												
33.												
34.												
35.												
36.												
37.												

Notatki

Okres początkowy: ....   Okres końcowy: ....

Miesiąc & Rok:		Zadania:	Tydzień					Tydzień				
Temat:												
Sekcja:												
			Dzień ↗	P	W	Ś	C	P	P	W	Ś	C	P
Imiona i nazwiska uczniów:	Notatki	Data ↗										
1.												
2.												
3.												
4.												
5.												
6.												
7.												
8.												
9.												
10.												
11.												
12.												
13.												
14.												
15.												
16.												
17.												
18.												
19.												
20.												
21.												
22.												
23.												
24.												
25.												
26.												
27.												
28.												
29.												
30.												
31.												
32.												
33.												
34.												
35.												
36.												
37.												

Notatki

Okres początkowy: .... Okres końcowy: ....

Miesiąc & Rok:		Zadania:	Tydzień						Tydzień				
Temat:													
Sekcja:													
	Dzień		P	W	Ś	C	P	P	W	Ś	C	P	
Imiona i nazwiska uczniów:	Notatki	Data											
1.													
2.													
3.													
4.													
5.													
6.													
7.													
8.													
9.													
10.													
11.													
12.													
13.													
14.													
15.													
16.													
17.													
18.													
19.													
20.													
21.													
22.													
23.													
24.													
25.													
26.													
27.													
28.													
29.													
30.													
31.													
32.													
33.													
34.													
35.													
36.													
37.													

Notatki

Okres początkowy: .... Okres końcowy: ....

Miesiąc & Rok:						Tydzień					Tydzień				
Temat:															
Sekcja:		Zadania:													
			Dzień		P	W	Ś	C	P	P	W	Ś	C	P	
Imiona i nazwiska uczniów:	Notatki		Data												
1.															
2.															
3.															
4.															
5.															
6.															
7.															
8.															
9.															
10.															
11.															
12.															
13.															
14.															
15.															
16.															
17.															
18.															
19.															
20.															
21.															
22.															
23.															
24.															
25.															
26.															
27.															
28.															
29.															
30.															
31.															
32.															
33.															
34.															
35.															
36.															
37.															

Notatki

Okres początkowy: .... Okres końcowy: ....

Miesiąc & Rok:			Zadania:	Tydzień					Tydzień				
Temat:													
Sekcja:													
		Dzień ➶		P	W	Ś	C	P	P	W	Ś	C	P
Imiona i nazwiska uczniów:	Notatki	Data ➶											
1.													
2.													
3.													
4.													
5.													
6.													
7.													
8.													
9.													
10.													
11.													
12.													
13.													
14.													
15.													
16.													
17.													
18.													
19.													
20.													
21.													
22.													
23.													
24.													
25.													
26.													
27.													
28.													
29.													
30.													
31.													
32.													
33.													
34.													
35.													
36.													
37.													

Notatki

Okres początkowy: .... Okres końcowy: ....

Miesiąc & Rok:		Zadania:	Tydzień					Tydzień				
Temat:												
Sekcja:												
		Dzień ↗	P	W	Ś	C	P	P	W	Ś	C	P
Imiona i nazwiska uczniów:	Notatki	Data ↗										
1.												
2.												
3.												
4.												
5.												
6.												
7.												
8.												
9.												
10.												
11.												
12.												
13.												
14.												
15.												
16.												
17.												
18.												
19.												
20.												
21.												
22.												
23.												
24.												
25.												
26.												
27.												
28.												
29.												
30.												
31.												
32.												
33.												
34.												
35.												
36.												
37.												

Notatki

Okres początkowy: .... Okres końcowy: ....

Miesiąc & Rok:		Zadania:	Tydzień					Tydzień				
Temat:												
Sekcja:												
	Dzień ↱		P	W	Ś	C	P	P	W	Ś	C	P
Imiona i nazwiska uczniów:	Notatki	Data ↱										
1.												
2.												
3.												
4.												
5.												
6.												
7.												
8.												
9.												
10.												
11.												
12.												
13.												
14.												
15.												
16.												
17.												
18.												
19.												
20.												
21.												
22.												
23.												
24.												
25.												
26.												
27.												
28.												
29.												
30.												
31.												
32.												
33.												
34.												
35.												
36.												
37.												

Notatki

Okres początkowy: .... Okres końcowy: ....

Miesiąc & Rok:		Zadania:	Tydzień					Tydzień				
Temat:												
Sekcja:												
	Dzień		P	W	Ś	C	P	P	W	Ś	C	P
Imiona i nazwiska uczniów:	Notatki	Data										
1.												
2.												
3.												
4.												
5.												
6.												
7.												
8.												
9.												
10.												
11.												
12.												
13.												
14.												
15.												
16.												
17.												
18.												
19.												
20.												
21.												
22.												
23.												
24.												
25.												
26.												
27.												
28.												
29.												
30.												
31.												
32.												
33.												
34.												
35.												
36.												
37.												

Notatki

Okres początkowy: .... Okres końcowy: ....

Miesiąc & Rok:		Zadania:	Tydzień					Tydzień				
Temat:												
Sekcja:												
	Dzień		P	W	Ś	C	P	P	W	Ś	C	P
Imiona i nazwiska uczniów:	Notatki / Data											
1.												
2.												
3.												
4.												
5.												
6.												
7.												
8.												
9.												
10.												
11.												
12.												
13.												
14.												
15.												
16.												
17.												
18.												
19.												
20.												
21.												
22.												
23.												
24.												
25.												
26.												
27.												
28.												
29.												
30.												
31.												
32.												
33.												
34.												
35.												
36.												
37.												

Notatki

Okres początkowy: .... Okres końcowy: ....

Miesiąc & Rok:													

Miesiąc & Rok:

Temat:

Sekcja:

Zadania:

Tydzień — Tydzień

		Dzień	P	W	Ś	C	P	P	W	Ś	C	P
Imiona i nazwiska uczniów:	Notatki	Data										
1.												
2.												
3.												
4.												
5.												
6.												
7.												
8.												
9.												
10.												
11.												
12.												
13.												
14.												
15.												
16.												
17.												
18.												
19.												
20.												
21.												
22.												
23.												
24.												
25.												
26.												
27.												
28.												
29.												
30.												
31.												
32.												
33.												
34.												
35.												
36.												
37.												

Notatki

Okres początkowy: .... Okres końcowy: ....

Miesiąc & Rok:		Zadania:	Tydzień					Tydzień				
Temat:												
Sekcja:												
		Dzień ✐	P	W	Ś	C	P	P	W	Ś	C	P
Imiona i nazwiska uczniów:	Notatki	Data ✐										
1.												
2.												
3.												
4.												
5.												
6.												
7.												
8.												
9.												
10.												
11.												
12.												
13.												
14.												
15.												
16.												
17.												
18.												
19.												
20.												
21.												
22.												
23.												
24.												
25.												
26.												
27.												
28.												
29.												
30.												
31.												
32.												
33.												
34.												
35.												
36.												
37.												

Notatki

Okres początkowy: .... Okres końcowy: ....

Miesiąc & Rok:		Zadania:	Tydzień						Tydzień				
Temat:													
Sekcja:													
			Dzień										
			Data	P	W	Ś	C	P	P	W	Ś	C	P
Imiona i nazwiska uczniów:	Notatki												
1.													
2.													
3.													
4.													
5.													
6.													
7.													
8.													
9.													
10.													
11.													
12.													
13.													
14.													
15.													
16.													
17.													
18.													
19.													
20.													
21.													
22.													
23.													
24.													
25.													
26.													
27.													
28.													
29.													
30.													
31.													
32.													
33.													
34.													
35.													
36.													
37.													

Notatki

Okres początkowy: .... Okres końcowy: ....

Miesiąc & Rok:		Zadania:	Tydzień					Tydzień				
Temat:												
Sekcja:												
			Dzień ↗	P	W	Ś	C	P	P	W	Ś	C	P
Imiona i nazwiska uczniów:	Notatki		Data ↗										
1.													
2.													
3.													
4.													
5.													
6.													
7.													
8.													
9.													
10.													
11.													
12.													
13.													
14.													
15.													
16.													
17.													
18.													
19.													
20.													
21.													
22.													
23.													
24.													
25.													
26.													
27.													
28.													
29.													
30.													
31.													
32.													
33.													
34.													
35.													
36.													
37.													

Notatki

Okres początkowy: .... Okres końcowy: ....

Miesiąc & Rok:				Zadania:	Tydzień					Tydzień				
Temat:														
Sekcja:														
					Dzień	P	W	Ś	C	P	P	W	Ś	C	P
Imiona i nazwiska uczniów:	Notatki				Data										
1.															
2.															
3.															
4.															
5.															
6.															
7.															
8.															
9.															
10.															
11.															
12.															
13.															
14.															
15.															
16.															
17.															
18.															
19.															
20.															
21.															
22.															
23.															
24.															
25.															
26.															
27.															
28.															
29.															
30.															
31.															
32.															
33.															
34.															
35.															
36.															
37.															

Notatki

Okres początkowy: .... Okres końcowy: ....

Miesiąc & Rok:		Zadania:	Tydzień					Tydzień				
Temat:												
Sekcja:												
	Dzień		P	W	Ś	C	P	P	W	Ś	C	P
Imiona i nazwiska uczniów:	Notatki	Data										
1.												
2.												
3.												
4.												
5.												
6.												
7.												
8.												
9.												
10.												
11.												
12.												
13.												
14.												
15.												
16.												
17.												
18.												
19.												
20.												
21.												
22.												
23.												
24.												
25.												
26.												
27.												
28.												
29.												
30.												
31.												
32.												
33.												
34.												
35.												
36.												
37.												

Notatki

Okres początkowy: .... Okres końcowy: ....

Miesiąc & Rok:		Zadania:	Tydzień					Tydzień				
Temat:												
Sekcja:												
			Dzień									
Imiona i nazwiska uczniów:	Notatki	Data	P	W	Ś	C	P	P	W	Ś	C	P
1.												
2.												
3.												
4.												
5.												
6.												
7.												
8.												
9.												
10.												
11.												
12.												
13.												
14.												
15.												
16.												
17.												
18.												
19.												
20.												
21.												
22.												
23.												
24.												
25.												
26.												
27.												
28.												
29.												
30.												
31.												
32.												
33.												
34.												
35.												
36.												
37.												

Notatki

Okres początkowy: .... Okres końcowy: ....

Miesiąc & Rok:		Zadania:	Tydzień						Tydzień					
Temat:														
Sekcja:														
		Dzień	P	W	Ś	C	P	P	W	Ś	C	P		
Imiona i nazwiska uczniów:	Notatki	Data												
1.														
2.														
3.														
4.														
5.														
6.														
7.														
8.														
9.														
10.														
11.														
12.														
13.														
14.														
15.														
16.														
17.														
18.														
19.														
20.														
21.														
22.														
23.														
24.														
25.														
26.														
27.														
28.														
29.														
30.														
31.														
32.														
33.														
34.														
35.														
36.														
37.														

Notatki

Okres początkowy: .... Okres końcowy: ....

Miesiąc & Rok:			
Temat:			
Sekcja:			

Zadania:

		Tydzień					Tydzień				
	Dzień	P	W	Ś	C	P	P	W	Ś	C	P
Imiona i nazwiska uczniów:	Notatki	Data									
1.											
2.											
3.											
4.											
5.											
6.											
7.											
8.											
9.											
10.											
11.											
12.											
13.											
14.											
15.											
16.											
17.											
18.											
19.											
20.											
21.											
22.											
23.											
24.											
25.											
26.											
27.											
28.											
29.											
30.											
31.											
32.											
33.											
34.											
35.											
36.											
37.											

Notatki

Okres początkowy: ....   Okres końcowy: ....

Miesiąc & Rok:				Tydzień					Tydzień				
Temat:			Zadania:										
Sekcja:													
		Dzień ↗		P	W	Ś	C	P	P	W	Ś	C	P
Imiona i nazwiska uczniów:	Notatki	Data ↗											
1.													
2.													
3.													
4.													
5.													
6.													
7.													
8.													
9.													
10.													
11.													
12.													
13.													
14.													
15.													
16.													
17.													
18.													
19.													
20.													
21.													
22.													
23.													
24.													
25.													
26.													
27.													
28.													
29.													
30.													
31.													
32.													
33.													
34.													
35.													
36.													
37.													

Notatki

Okres początkowy: .... Okres końcowy: ....

Miesiąc & Rok:		Zadania:	Tydzień					Tydzień				
Temat:												
Sekcja:												
		Dzień 🖉	P	W	Ś	C	P	P	W	Ś	C	P
Imiona i nazwiska uczniów:	Notatki	Data 🖉										
1.												
2.												
3.												
4.												
5.												
6.												
7.												
8.												
9.												
10.												
11.												
12.												
13.												
14.												
15.												
16.												
17.												
18.												
19.												
20.												
21.												
22.												
23.												
24.												
25.												
26.												
27.												
28.												
29.												
30.												
31.												
32.												
33.												
34.												
35.												
36.												
37.												

Notatki

Okres początkowy: .... Okres końcowy: ....

Miesiąc & Rok:
Temat:
Sekcja:

Zadania:

Imiona i nazwiska uczniów:	Notatki	Dzień	Tydzień					Tydzień				
		Data	P	W	Ś	C	P	P	W	Ś	C	P
1.												
2.												
3.												
4.												
5.												
6.												
7.												
8.												
9.												
10.												
11.												
12.												
13.												
14.												
15.												
16.												
17.												
18.												
19.												
20.												
21.												
22.												
23.												
24.												
25.												
26.												
27.												
28.												
29.												
30.												
31.												
32.												
33.												
34.												
35.												
36.												
37.												

Notatki

Okres początkowy: .... Okres końcowy: ....

Miesiąc & Rok:

Temat:

Sekcja:

Zadania:

Tydzień

Tydzień

Imiona i nazwiska uczniów:	Notatki	Dzień	P	W	Ś	C	P	P	W	Ś	C	P
		Data										
1.												
2.												
3.												
4.												
5.												
6.												
7.												
8.												
9.												
10.												
11.												
12.												
13.												
14.												
15.												
16.												
17.												
18.												
19.												
20.												
21.												
22.												
23.												
24.												
25.												
26.												
27.												
28.												
29.												
30.												
31.												
32.												
33.												
34.												
35.												
36.												
37.												

Notatki

Okres początkowy: .... Okres końcowy: ....

Miesiąc & Rok:		Zadania:	Tydzień					Tydzień				
Temat:												
Sekcja:												
	Dzień →		P	W	Ś	C	P	P	W	Ś	C	P
Imiona i nazwiska uczniów:	Notatki	Data →										
1.												
2.												
3.												
4.												
5.												
6.												
7.												
8.												
9.												
10.												
11.												
12.												
13.												
14.												
15.												
16.												
17.												
18.												
19.												
20.												
21.												
22.												
23.												
24.												
25.												
26.												
27.												
28.												
29.												
30.												
31.												
32.												
33.												
34.												
35.												
36.												
37.												

Notatki

Okres początkowy: .... Okres końcowy: ....

Miesiąc & Rok:		Zadania:	Tydzień					Tydzień				
Temat:												
Sekcja:												
	Dzień ↗		P	W	Ś	C	P	P	W	Ś	C	P
Imiona i nazwiska uczniów:	Notatki	Data ↗										
1.												
2.												
3.												
4.												
5.												
6.												
7.												
8.												
9.												
10.												
11.												
12.												
13.												
14.												
15.												
16.												
17.												
18.												
19.												
20.												
21.												
22.												
23.												
24.												
25.												
26.												
27.												
28.												
29.												
30.												
31.												
32.												
33.												
34.												
35.												
36.												
37.												

Notatki

Okres początkowy: .... Okres końcowy: ....

Miesiąc & Rok:		Zadania:	Tydzień					Tydzień				
Temat:												
Sekcja:												
		Dzień	P	W	Ś	C	P	P	W	Ś	C	P
Imiona i nazwiska uczniów:	Notatki	Data										
1.												
2.												
3.												
4.												
5.												
6.												
7.												
8.												
9.												
10.												
11.												
12.												
13.												
14.												
15.												
16.												
17.												
18.												
19.												
20.												
21.												
22.												
23.												
24.												
25.												
26.												
27.												
28.												
29.												
30.												
31.												
32.												
33.												
34.												
35.												
36.												
37.												

Notatki

Okres początkowy: .... Okres końcowy: ....

Miesiąc & Rok:		Zadania:	Tydzień					Tydzień				
Temat:												
Sekcja:												
	Dzień →		P	W	Ś	C	P	P	W	Ś	C	P
Imiona i nazwiska uczniów:	Notatki	Data →										
1.												
2.												
3.												
4.												
5.												
6.												
7.												
8.												
9.												
10.												
11.												
12.												
13.												
14.												
15.												
16.												
17.												
18.												
19.												
20.												
21.												
22.												
23.												
24.												
25.												
26.												
27.												
28.												
29.												
30.												
31.												
32.												
33.												
34.												
35.												
36.												
37.												

Notatki

Okres początkowy: .... Okres końcowy: ....

Miesiąc & Rok:					

Miesiąc & Rok:

Temat:

Sekcja:

Zadania:

Tydzień   Tydzień

Imiona i nazwiska uczniów:	Notatki	Dzień	Data	P	W	Ś	C	P	P	W	Ś	C	P
1.													
2.													
3.													
4.													
5.													
6.													
7.													
8.													
9.													
10.													
11.													
12.													
13.													
14.													
15.													
16.													
17.													
18.													
19.													
20.													
21.													
22.													
23.													
24.													
25.													
26.													
27.													
28.													
29.													
30.													
31.													
32.													
33.													
34.													
35.													
36.													
37.													

Notatki

Okres początkowy: .... Okres końcowy: ....

Miesiąc & Rok:		Zadania:	Tydzień										Tydzień									
Temat:																						
Sekcja:																						
		Dzień ↗	P	W	Ś	C	P	P	W	Ś	C	P										
Imiona i nazwiska uczniów:	Notatki	Data ↗																				
1.																						
2.																						
3.																						
4.																						
5.																						
6.																						
7.																						
8.																						
9.																						
10.																						
11.																						
12.																						
13.																						
14.																						
15.																						
16.																						
17.																						
18.																						
19.																						
20.																						
21.																						
22.																						
23.																						
24.																						
25.																						
26.																						
27.																						
28.																						
29.																						
30.																						
31.																						
32.																						
33.																						
34.																						
35.																						
36.																						
37.																						

Notatki

Okres początkowy: .... Okres końcowy: ....

Miesiąc & Rok:		
Temat:		
Sekcja:		

Zadania:

Tydzień   Tydzień

		Dzień ↗	P	W	Ś	C	P	P	W	Ś	C	P

Imiona i nazwiska uczniów:	Notatki	Data ↗										
1.												
2.												
3.												
4.												
5.												
6.												
7.												
8.												
9.												
10.												
11.												
12.												
13.												
14.												
15.												
16.												
17.												
18.												
19.												
20.												
21.												
22.												
23.												
24.												
25.												
26.												
27.												
28.												
29.												
30.												
31.												
32.												
33.												
34.												
35.												
36.												
37.												

Notatki

Okres początkowy: .... Okres końcowy: ....

Miesiąc & Rok:

Temat:

Sekcja:

Zadania:

| Tydzień | | | | | Tydzień | | | | |

Imiona i nazwiska uczniów:	Notatki	Dzień	Data	P	W	Ś	C	P	P	W	Ś	C	P
1.													
2.													
3.													
4.													
5.													
6.													
7.													
8.													
9.													
10.													
11.													
12.													
13.													
14.													
15.													
16.													
17.													
18.													
19.													
20.													
21.													
22.													
23.													
24.													
25.													
26.													
27.													
28.													
29.													
30.													
31.													
32.													
33.													
34.													
35.													
36.													
37.													

Notatki

Okres początkowy: .... Okres końcowy: ....

Miesiąc & Rok:

Temat:

Sekcja:

Zadania:

Tydzień

Tydzień

Imiona i nazwiska uczniów:	Notatki	Dzień	Data	P	W	Ś	C	P	P	W	Ś	C	P
1.													
2.													
3.													
4.													
5.													
6.													
7.													
8.													
9.													
10.													
11.													
12.													
13.													
14.													
15.													
16.													
17.													
18.													
19.													
20.													
21.													
22.													
23.													
24.													
25.													
26.													
27.													
28.													
29.													
30.													
31.													
32.													
33.													
34.													
35.													
36.													
37.													

Notatki

Okres początkowy: .... Okres końcowy: ....

Miesiąc & Rok:

Temat:

Sekcja:

Zadania:

Tydzień | Tydzień

Dzień →
Data →

Imiona i nazwiska uczniów:	Notatki		P	W	Ś	C	P	P	W	Ś	C	P
1.												
2.												
3.												
4.												
5.												
6.												
7.												
8.												
9.												
10.												
11.												
12.												
13.												
14.												
15.												
16.												
17.												
18.												
19.												
20.												
21.												
22.												
23.												
24.												
25.												
26.												
27.												
28.												
29.												
30.												
31.												
32.												
33.												
34.												
35.												
36.												
37.												

Notatki

Okres początkowy: .... Okres końcowy: ....

Miesiąc & Rok:		Zadania:	Tydzień					Tydzień				
Temat:												
Sekcja:												
		Dzień ↗	P	W	Ś	C	P	P	W	Ś	C	P
Imiona i nazwiska uczniów:	Notatki	Data ↗										
1.												
2.												
3.												
4.												
5.												
6.												
7.												
8.												
9.												
10.												
11.												
12.												
13.												
14.												
15.												
16.												
17.												
18.												
19.												
20.												
21.												
22.												
23.												
24.												
25.												
26.												
27.												
28.												
29.												
30.												
31.												
32.												
33.												
34.												
35.												
36.												
37.												

Notatki

Okres początkowy: .... Okres końcowy: ....

Miesiąc & Rok:			Zadania:	Tydzień					Tydzień				
Temat:													
Sekcja:													
		Dzień		P	W	Ś	C	P	P	W	Ś	C	P
Imiona i nazwiska uczniów:	Notatki	Data											
1.													
2.													
3.													
4.													
5.													
6.													
7.													
8.													
9.													
10.													
11.													
12.													
13.													
14.													
15.													
16.													
17.													
18.													
19.													
20.													
21.													
22.													
23.													
24.													
25.													
26.													
27.													
28.													
29.													
30.													
31.													
32.													
33.													
34.													
35.													
36.													
37.													

Notatki

Okres początkowy: .... Okres końcowy: ....

Miesiąc & Rok:		Zadania:	Tydzień					Tydzień				
Temat:												
Sekcja:												
		Dzień ↗	P	W	Ś	C	P	P	W	Ś	C	P
Imiona i nazwiska uczniów:	Notatki	Data ↗										
1.												
2.												
3.												
4.												
5.												
6.												
7.												
8.												
9.												
10.												
11.												
12.												
13.												
14.												
15.												
16.												
17.												
18.												
19.												
20.												
21.												
22.												
23.												
24.												
25.												
26.												
27.												
28.												
29.												
30.												
31.												
32.												
33.												
34.												
35.												
36.												
37.												

Notatki

Okres początkowy: .... Okres końcowy: ....

Miesiąc & Rok:		Zadania:	Tydzień					Tydzień				
Temat:												
Sekcja:												
		Dzień ↗	P	W	Ś	C	P	P	W	Ś	C	P
Imiona i nazwiska uczniów:	Notatki	Data ↗										
1.												
2.												
3.												
4.												
5.												
6.												
7.												
8.												
9.												
10.												
11.												
12.												
13.												
14.												
15.												
16.												
17.												
18.												
19.												
20.												
21.												
22.												
23.												
24.												
25.												
26.												
27.												
28.												
29.												
30.												
31.												
32.												
33.												
34.												
35.												
36.												
37.												

Notatki

Okres początkowy: .... Okres końcowy: ....

<table>
<tr><td colspan="2" rowspan="4">Miesiąc & Rok:

Temat:

Sekcja:</td><td rowspan="4">Zadania:</td><td colspan="5">Tydzień</td><td colspan="5">Tydzień</td></tr>
<tr><td colspan="5"></td><td colspan="5"></td></tr>
<tr><td>Dzień ⟳</td><td>P</td><td>W</td><td>Ś</td><td>C</td><td>P</td><td>P</td><td>W</td><td>Ś</td><td>C</td><td>P</td></tr>
<tr><td>Data ⟳</td><td></td><td></td><td></td><td></td><td></td><td></td><td></td><td></td><td></td><td></td></tr>
</table>

Imiona i nazwiska uczniów:	Notatki												
1.													
2.													
3.													
4.													
5.													
6.													
7.													
8.													
9.													
10.													
11.													
12.													
13.													
14.													
15.													
16.													
17.													
18.													
19.													
20.													
21.													
22.													
23.													
24.													
25.													
26.													
27.													
28.													
29.													
30.													
31.													
32.													
33.													
34.													
35.													
36.													
37.													

Notatki

Okres początkowy: .... Okres końcowy: ....

Miesiąc & Rok:		Zadania:	Tydzień					Tydzień				
Temat:												
Sekcja:												
		Dzień ↱	P	W	Ś	C	P	P	W	Ś	C	P
Imiona i nazwiska uczniów:	Notatki	Data ↱										
1.												
2.												
3.												
4.												
5.												
6.												
7.												
8.												
9.												
10.												
11.												
12.												
13.												
14.												
15.												
16.												
17.												
18.												
19.												
20.												
21.												
22.												
23.												
24.												
25.												
26.												
27.												
28.												
29.												
30.												
31.												
32.												
33.												
34.												
35.												
36.												
37.												

Notatki

Okres początkowy: .... Okres końcowy: ....

Miesiąc & Rok:		Zadania:	Tydzień					Tydzień				
Temat:												
Sekcja:												
		Dzień	P	W	Ś	C	P	P	W	Ś	C	P
Imiona i nazwiska uczniów:	Notatki	Data										
1.												
2.												
3.												
4.												
5.												
6.												
7.												
8.												
9.												
10.												
11.												
12.												
13.												
14.												
15.												
16.												
17.												
18.												
19.												
20.												
21.												
22.												
23.												
24.												
25.												
26.												
27.												
28.												
29.												
30.												
31.												
32.												
33.												
34.												
35.												
36.												
37.												

Notatki

Okres początkowy: .... Okres końcowy: ....

Miesiąc & Rok:		Zadania:	Tydzień					Tydzień				
Temat:												
Sekcja:												
			Dzień									
Imiona i nazwiska uczniów:	Notatki	Data	P	W	Ś	C	P	P	W	Ś	C	P
1.												
2.												
3.												
4.												
5.												
6.												
7.												
8.												
9.												
10.												
11.												
12.												
13.												
14.												
15.												
16.												
17.												
18.												
19.												
20.												
21.												
22.												
23.												
24.												
25.												
26.												
27.												
28.												
29.												
30.												
31.												
32.												
33.												
34.												
35.												
36.												
37.												

Notatki

Okres początkowy: .... Okres końcowy: ....

Miesiąc & Rok:		Zadania:	Tydzień					Tydzień				
Temat:												
Sekcja:												
	Dzień		P	W	Ś	C	P	P	W	Ś	C	P
Imiona i nazwiska uczniów:	Notatki	Data										
1.												
2.												
3.												
4.												
5.												
6.												
7.												
8.												
9.												
10.												
11.												
12.												
13.												
14.												
15.												
16.												
17.												
18.												
19.												
20.												
21.												
22.												
23.												
24.												
25.												
26.												
27.												
28.												
29.												
30.												
31.												
32.												
33.												
34.												
35.												
36.												
37.												

Notatki

Okres początkowy: .... Okres końcowy: ....

Miesiąc & Rok:		Zadania:	Tydzień		Tydzień	
Temat:						
Sekcja:						

Imiona i nazwiska uczniów:	Notatki	Dzień	Data	P	W	Ś	C	P	P	W	Ś	C	P
1.													
2.													
3.													
4.													
5.													
6.													
7.													
8.													
9.													
10.													
11.													
12.													
13.													
14.													
15.													
16.													
17.													
18.													
19.													
20.													
21.													
22.													
23.													
24.													
25.													
26.													
27.													
28.													
29.													
30.													
31.													
32.													
33.													
34.													
35.													
36.													
37.													

Notatki

Okres początkowy: .... Okres końcowy: ....

Miesiąc & Rok:		Zadania:	Tydzień					Tydzień				
Temat:												
Sekcja:												
	Dzień		P	W	Ś	C	P	P	W	Ś	C	P
Imiona i nazwiska uczniów:	Notatki	Data										

#	Imiona i nazwiska uczniów	Notatki
1.		
2.		
3.		
4.		
5.		
6.		
7.		
8.		
9.		
10.		
11.		
12.		
13.		
14.		
15.		
16.		
17.		
18.		
19.		
20.		
21.		
22.		
23.		
24.		
25.		
26.		
27.		
28.		
29.		
30.		
31.		
32.		
33.		
34.		
35.		
36.		
37.		

Notatki

Okres początkowy: .... Okres końcowy: ....

Miesiąc & Rok:
Temat:
Sekcja:

Zadania:

Tydzień | Tydzień

Dzień
Data

Imiona i nazwiska uczniów:	Notatki		P	W	Ś	C	P	P	W	Ś	C	P
1.												
2.												
3.												
4.												
5.												
6.												
7.												
8.												
9.												
10.												
11.												
12.												
13.												
14.												
15.												
16.												
17.												
18.												
19.												
20.												
21.												
22.												
23.												
24.												
25.												
26.												
27.												
28.												
29.												
30.												
31.												
32.												
33.												
34.												
35.												
36.												
37.												

Notatki

Okres początkowy: .... Okres końcowy: ....

Miesiąc & Rok:		Zadania:	Tydzień		Tydzień	
Temat:						
Sekcja:						

Imiona i nazwiska uczniów:	Notatki	Dzień ➶	P	W	Ś	C	P	P	W	Ś	C	P
		Data ➶										
1.												
2.												
3.												
4.												
5.												
6.												
7.												
8.												
9.												
10.												
11.												
12.												
13.												
14.												
15.												
16.												
17.												
18.												
19.												
20.												
21.												
22.												
23.												
24.												
25.												
26.												
27.												
28.												
29.												
30.												
31.												
32.												
33.												
34.												
35.												
36.												
37.												

Notatki

Okres początkowy: .... Okres końcowy: ....

Miesiąc & Rok:											
Temat:											
Sekcja:											

Zadania:

		Tydzień					Tydzień				
Dzień →		P	W	Ś	C	P	P	W	Ś	C	P
Imiona i nazwiska uczniów:	Notatki	Data →									
1.											
2.											
3.											
4.											
5.											
6.											
7.											
8.											
9.											
10.											
11.											
12.											
13.											
14.											
15.											
16.											
17.											
18.											
19.											
20.											
21.											
22.											
23.											
24.											
25.											
26.											
27.											
28.											
29.											
30.											
31.											
32.											
33.											
34.											
35.											
36.											
37.											

Notatki

Okres początkowy: .... Okres końcowy: ....

Miesiąc & Rok:			Zadania:	Tydzień						Tydzień				
Temat:														
Sekcja:														
		Dzień		P	W	Ś	C	P	P	W	Ś	C	P	
Imiona i nazwiska uczniów:	Notatki	Data												
1.														
2.														
3.														
4.														
5.														
6.														
7.														
8.														
9.														
10.														
11.														
12.														
13.														
14.														
15.														
16.														
17.														
18.														
19.														
20.														
21.														
22.														
23.														
24.														
25.														
26.														
27.														
28.														
29.														
30.														
31.														
32.														
33.														
34.														
35.														
36.														
37.														

Notatki

Okres początkowy: .... Okres końcowy: ....

Miesiąc & Rok:		Zadania:	Tydzień						Tydzień				
Temat:													
Sekcja:													
			Dzień										
			Data										
Imiona i nazwiska uczniów:	Notatki		P	W	Ś	C	P	P	W	Ś	C	P	
1.													
2.													
3.													
4.													
5.													
6.													
7.													
8.													
9.													
10.													
11.													
12.													
13.													
14.													
15.													
16.													
17.													
18.													
19.													
20.													
21.													
22.													
23.													
24.													
25.													
26.													
27.													
28.													
29.													
30.													
31.													
32.													
33.													
34.													
35.													
36.													
37.													

Notatki